Using your phone or another device, scan the QR code below to listen to the story in Spanish:

¡Es hora del recreo, Yuma!
¿Qué te gusta hacer?

3

Me gusta leer. Llevo un libro conmigo a donde quiera que vaya.

¿Qué te gusta hacer en casa, Adam?

Me gusta mucho jugar videojuegos.
Pero solo juego después de hacer la tarea.

¡Vamos al patio!
Te presentaré a mis amigos.

6

¡Hola a todos! Ella es Yuma, es nueva en la escuela.
Ella viene de Cuba.

¡Deberías unirte a nosotros en el club de canto! Me llamo María.
Me gusta tocar el piano.

Gusto en conocerte, María.
Espero pasar la audición.

Puedes llamarme Lee.
Me encanta jugar cuatro cuadras.
¡Juguemos todos juntos!

Cada jugador se coloca en un cuadro. Tienen que hacer rebotar la pelota desde su cuadro hacia el cuadro de otro jugador.
¡Como en el pimpón!

Yo saco.
Reboto el balón en el cuadro de Krish.

¡Bien hecho, Adam!

¡Oh, no! Golpeé la pelota demasiado fuerte . Perdí.

No te preocupes, Krish.
Siempre puedes volver a intentarlo.

Yuma, ocupa el cuadro de Krish.
¡Es tu turno!

¡Haré mi mejor esfuerzo!
Ahí te va.

¡Guau, esto es muy divertido!
Gracias por dejarme jugar.

Por supuesto. ¡Ahora eres parte del grupo, Yuma!
¡Choca esos cinco!

¡Fue un gran partido!
¡Juguemos de nuevo!

18

Coloring Page

Lo que quiero
en un amigo

www.spongeschool.com
www.facebook.com/spongeschool

Made in the USA
Monee, IL
07 February 2025

11802963R00017